PRIMEROS PASOS CON IMOVIE

GUÍA INCREÍBLEMENTE FÁCIL PARA EDITAR PELÍCULAS CON IMOVIE

SCOTT LA COUNTE

ANAHEIM, CALIFORNIA

www.RidiculouslySimpleBooks.com

Derechos de autor © 2022 por Scott La Counte.

Reservados todos los derechos. Ninguna parte de esta publicación puede ser reproducida, distribuida o transmitida en forma alguna ni por ningún medio, incluidos el fotocopiado, la grabación u otros métodos electrónicos o mecánicos, sin el permiso previo por escrito del editor, salvo en el caso de citas breves incluidas en reseñas críticas y otros usos no comerciales permitidos por la legislación sobre derechos de autor.

Responsabilidad limitada / Renuncia de garantía. Aunque se ha hecho todo lo posible para preparar este libro, el autor y los editores no ofrecen garantías de ningún tipo ni asumen responsabilidades de ningún tipo con respecto a la exactitud o integridad del contenido y, específicamente, ni el autor ni el editor serán considerados responsables ante ninguna persona o entidad con respecto a cualquier pérdida o daños incidentales o consecuentes causados o supuestamente causados, directa o indirectamente, sin limitaciones, por la información o los programas aquí contenidos. Además, los lectores deben ser conscientes de que los sitios de Internet que figuran en esta obra pueden haber cambiado o desaparecido. Esta obra se vende en el entendimiento de que los consejos que contiene pueden no ser adecuados en todas las situaciones.

Marcas comerciales. El uso de marcas registradas en este libro no implica su aprobación ni afiliación alguna con el mismo. Todas las marcas comerciales (incluidas, entre otras, las capturas de pantalla) utilizadas en este libro lo son únicamente con fines editoriales y educativos.

Descargo de responsabilidad*: aunque se ha hecho todo lo posible para garantizar la exactitud, este libro no está avalado por Apple, Inc. y debe considerarse no oficial.*

Índice

INTRODUCCIÓN 6

COMIENCE AQUÍ 7
    I<small>MOVIE PARA</small>... 7
    E<small>MPECEMOS</small> 8

MODO MAGIC MOVIE 14
    M<small>OMENTOS MÁGICOS EN SEGUNDOS</small> 14
    C<small>REAR UN ÁLBUM</small> 14
    M<small>OMENTOS MÁGICOS</small> 19
    C<small>OMPARTIR Y REPRODUCIR VÍDEOS</small> 31
    C<small>ÓMO PASAR VÍDEO DEL</small> I<small>PHONE</small> / I<small>PAD AL</small> M<small>AC</small> 33

MODO STORYBOARDS 37
    E<small>DICIÓN DE UN GUIÓN GRÁFICO</small> 47

HACER UNA PELÍCULA DESDE CERO 50
    Controles manuales 54
    Añadir transiciones 56

IMOVIE PARA MACOS 57
    Descargar iMovie 58
    Iniciar un nuevo proyecto 58
    Crear su primera película 60
    Creación de títulos, fondos, transiciones y mucho más 62
    Gestión del editor cinematográfico 62
    Edición de clips 63
    Edición de un clip 68
    Añadir una voz en off 70
    Añadir un tema 70
    Guardar / Compartir película 71

ÍNDICE 72

SOBRE EL AUTOR 74

Introducción

Aunque muchos piensan en hacer fotos impresionantes cuando encienden por primera vez sus iPhones y iPads, la capacidad de vídeo es tan buena que la utilizan los directores de fotografía profesionales.

Pero grabar un vídeo y convertirlo en una película cinematográfica son dos cosas distintas. Sí, puedes grabar vídeos y verlos, pero ¿y editarlos? ¿Y si les añades efectos? ¿Y si les añades otros vídeos?

Con Apple, las cosas simplemente funcionan. Tienen una forma brillante de hacer que cosas que solían ser complicadas... sean sencillas. Esto es especialmente cierto con el software iMovie de Apple.

Este libro te guiará a través de todo lo que necesitas saber para crear magníficos vídeos que podrás compartir con familiares y amigos. Algunas de las cosas que descubrirás en su interior:

- Uso de Magic Movie
- Diseña tu película con Storyboard
- Uso del modo Cinemático
- Añadir efectos especiales
- Añadir bandas sonoras
- Pasar películas de iOS/iPadOS a macOS
- Utilizar imagen en imagen
- Y mucho más.

¿Estás listo para empezar?

[1]
COMIENCE AQUÍ

IMOVIE PARA...

Lo primero que tienes que entender sobre iMovie es que está diseñado para tres dispositivos diferentes. Cuando digo "iMovie", ¿a qué me refiero? ¿iMovie... para iPad? ¿iMovie... para Mac? O iMovie... para iPhone.

En resumen: sí. iMovie para todas esas cosas.

Cuando abres iMovie en iPhone, se verá diferente que cuando lo abres en iPad, que se ve diferente que cuando lo abres en Mac. Pero lo que tienes que darte cuenta es que no importa. Las cosas estarán en lugares ligeramente diferentes, pero todas funcionan esencialmente igual.

Este libro se centrará en el iPad. La razón es que es más fácil ver cómo hacer las cosas en esas pantallas más grandes. Pero la lógica de lo que se aprende aquí también se puede aplicar a iPhone y Mac. Haré todo lo posible para mostrar donde las cosas son diferentes a lo largo del libro.

EMPECEMOS

Elige el dispositivo que prefieras y vamos a echar un vistazo. En macOS, serás recibido con una gran pantalla de bienvenida. Es mucho más impresionante que lo que viene a continuación, por desgracia.

Una vez que haces clic en *Continuar* y empiezas, aparece la pantalla del software. Está bastante vacía, ¿verdad? Es por eso que gran parte de este libro se centrará en el iPad-es mucho más fácil de mostrar dónde están las cosas en un iPad-y hay más características incorporadas en cada uno de ellos.

Pero no te preocupes. Si no tienes un iPad, no te dejaré en la oscuridad.

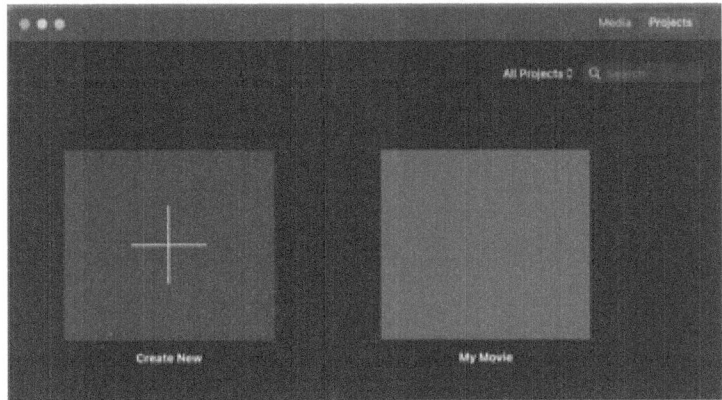

Echemos un vistazo a las pantallas del iPhone y el iPad. El iPhone y el iPad también pueden parecer un poco... escuetos; sólo hay tres opciones. Pero estas opciones están repletas de funciones.

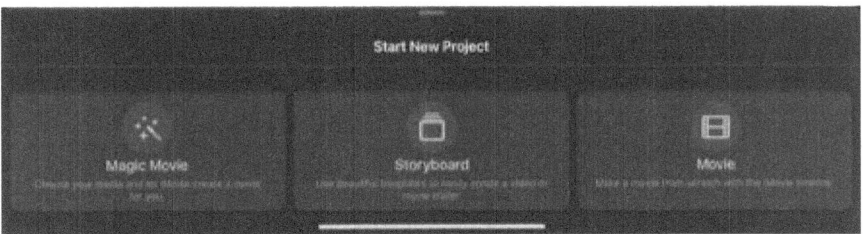

Este menú te va a acompañar, pero a veces se minimiza como en la imagen de abajo; si eso ocurre, desliza el dedo hacia arriba.

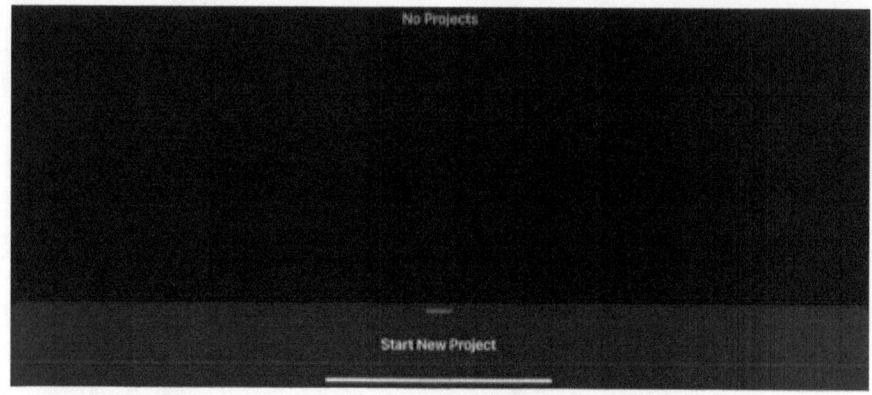

La primera opción que verás es *Magic Movie*. Como su nombre indica, la creación de la película sucede como por arte de magia, aunque hay cambios manuales que puedes hacer, de los que hablaré más adelante en el libro. En iPhone funcionará igual, pero en Mac sólo podrás editar los vídeos que hayas hecho en tu iPad.

Storyboard le permite elegir plantillas prefabricadas, por lo que puede encontrar una plantilla de celebración para, por ejemplo, cumpleaños. En el momento de escribir esto, hay 20 para elegir.

Por último, hay un modo de arranque desde cero, en el que todo será manual.

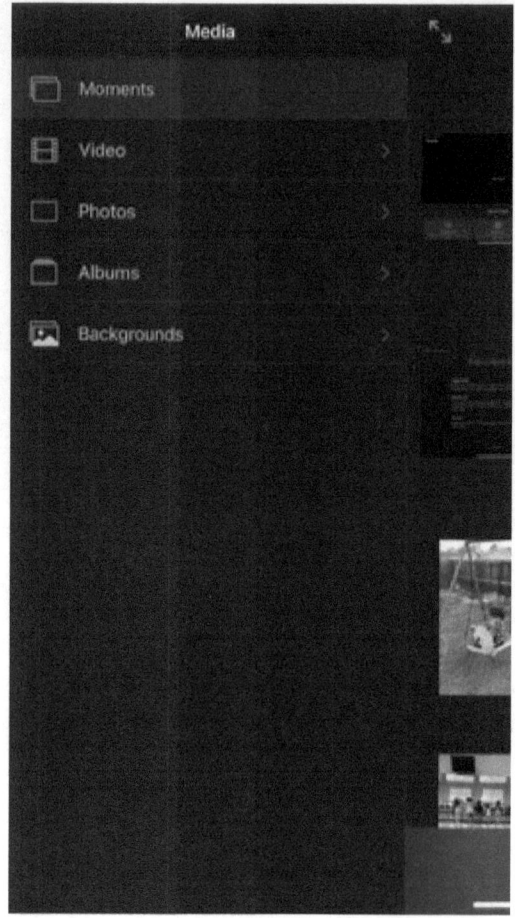

Si miras el iPhone, te darás cuenta rápidamente de que todas estas cosas son iguales, sólo que tienen un aspecto un poco diferente. Los botones están apilados en lugar de uno al lado del otro.

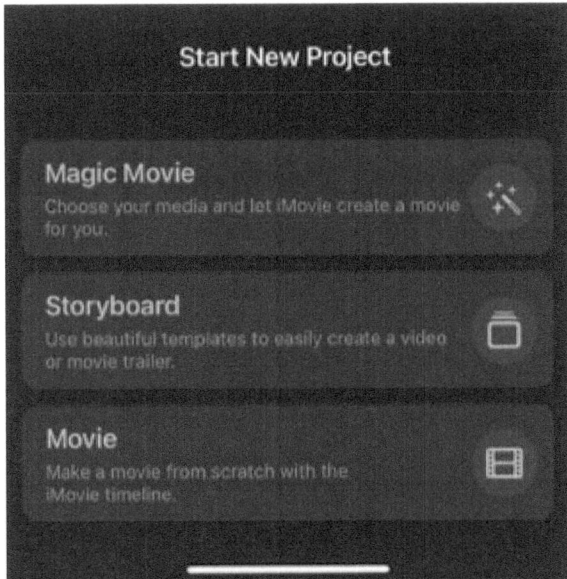

[2]
Modo Magic Movie

MOMENTOS MÁGICOS EN SEGUNDOS

Si no tienes tiempo para ponerte en plan Steven Spielberg y sólo quieres un vídeo creado sin esfuerzo, entonces *Magic Moments* es la mejor opción para ti.

Momentos mágicos creará un vídeo temático basado en tu álbum en cuestión de segundos.

Antes de crear tu primer vídeo mágico necesitas crear un álbum. Veamos brevemente cómo hacerlo.

CREAR UN ÁLBUM

Técnicamente podrías añadir las fotos de una en una, pero el objetivo de esta potente función es la rapidez: montar un vídeo que puedas compartir rápidamente. Para ello, lo mejor es crearlo a partir de un álbum.

Hay algunas cosas que puedes hacer. Primero voy a mostrarte la forma manual, luego te mostraré una forma que puede resultarte un poco más rápida.

La forma manual es, en primer lugar, abrir la aplicación Fotos y pulsar el botón *Seleccionar en la* esquina superior derecha.

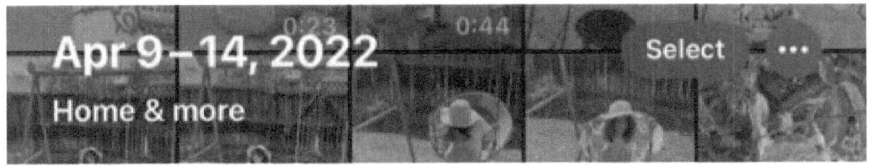

Desde aquí, toca las fotos que quieras que estén en tu álbum.

Una vez seleccionadas todas las fotos deseadas, ve a la esquina inferior izquierda y selecciona el icono cuadrado con la flecha hacia arriba.

Aparecerá un nuevo conjunto de opciones. Puedes crear un Álbum compartido o un álbum normal; un álbum compartido es un álbum que ven otras personas. Verás que pone "Añadir a...". Un poco confuso, ¿verdad? No estás añadiendo nada a un álbum; quieres crear un álbum nuevo. Pero no te preocupes. Podrás hacerlo cuando pulses la opción *Añadir a álbum* o *Añadir a álbum compartido*.

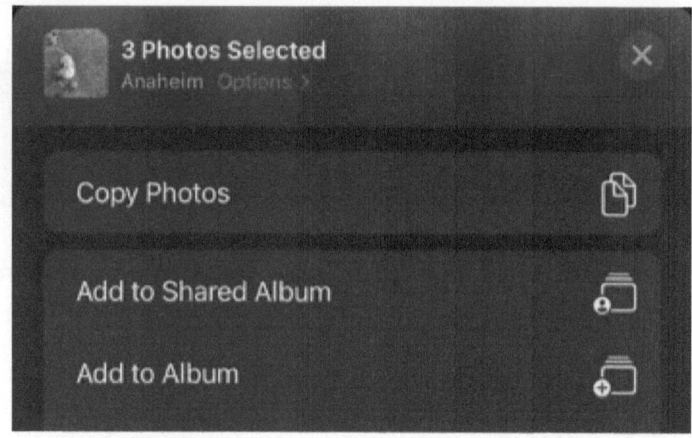

En cuanto toques *Añadir a Álbum*, mira cuál es una de las primeras opciones: *Nuevo Álbum*. Toca ahí para crear tu álbum.

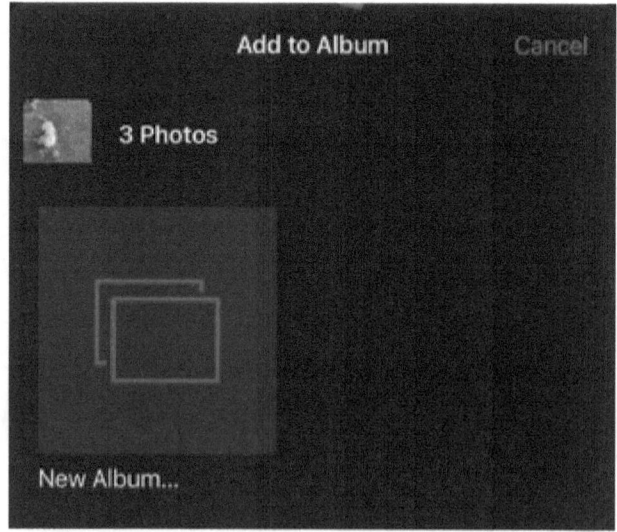

Te pedirá que nombres tu Álbum. Ponle el nombre que quieras.

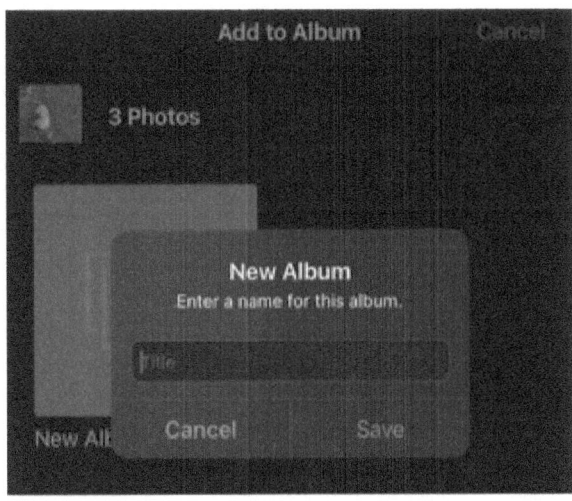

Bastante fácil, ¿verdad? Pero dije que había otra forma que podría ser un poco más fácil. Crear álbumes manualmente es fácil cuando utilizas fotos recientes. Pero, ¿y si quieres crear un álbum sobre aquella vez que fuiste a París... hace cinco años? No querrás retroceder cinco años, ¿verdad? Puedes encontrarlo rápidamente tocando el icono *Buscar* en la esquina inferior derecha.

Voy a hacer una búsqueda de Dog. La IA de Apple es bastante inteligente. Puede reconocer cuando hay un perro en la foto, y la etiqueta como tal. En el ejemplo siguiente, ha encontrado más de 400 fotos de perros.

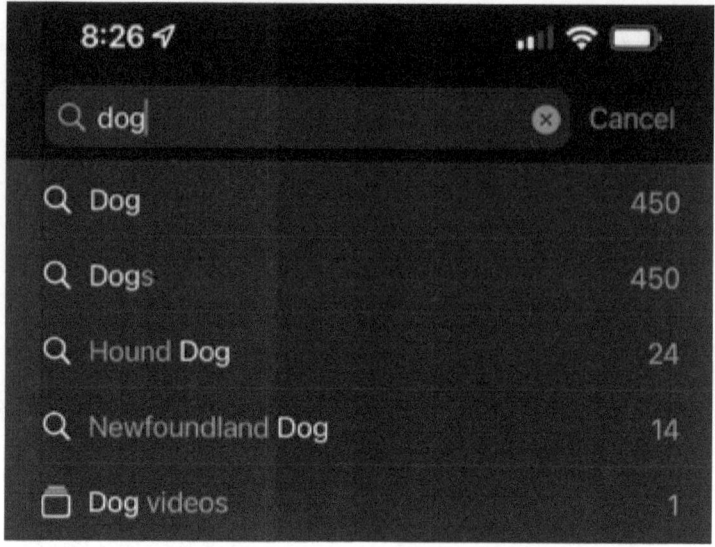

Siguen siendo muchas, pero mucho más fáciles de gestionar que intentar encontrarlas manualmente. Puedes buscar por personas, lugares, animales e incluso objetos (como flores). A partir de aquí sólo tienes que repetir los pasos anteriores, seleccionar las fotos que quieras y crear tu álbum.

Álbumes es donde realmente puedes empezar a organizar las cosas. Recuerda cuando dije arriba que cuando pulsas el botón "Me gusta" en una foto, ésta va a la carpeta Favoritos. Aquí es donde encontrarás esa carpeta. Para añadir un álbum, pulsa el botón +.

MOMENTOS MÁGICOS

Ahora que ya tenemos nuestros álbumes, ¡vamos a crear momentos mágicos! Una vez que toques la opción de *Magic Movie*, te pedirá que selecciones el álbum.

Titulará el vídeo como se llame tu álbum. Así que en el ejemplo de abajo, es Horse Riding.

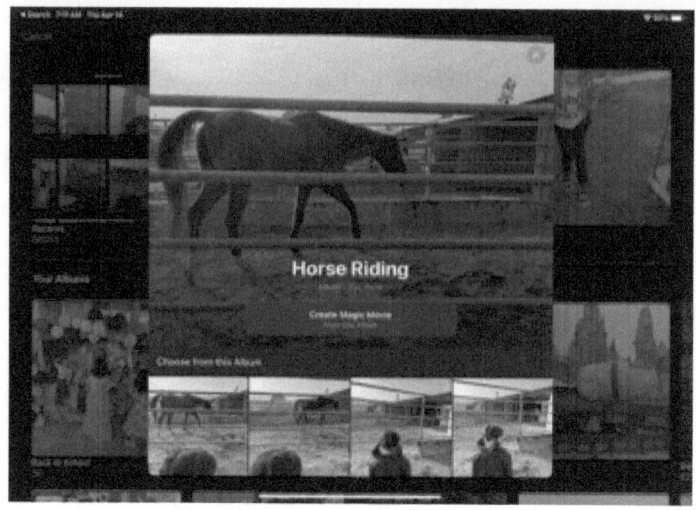

En el iPhone, la experiencia es exactamente la misma, solo que la disposición es diferente.

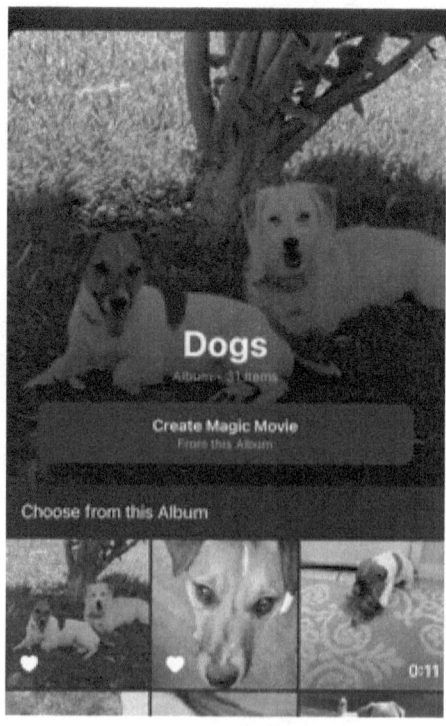

Tardará un momento en generarse el álbum. Ten paciencia. Si se trata de fotos antiguas, probablemente las descargará de iCloud.

Una vez creado, aparecerá en un editor de tipo vídeo.

Y, de nuevo, el iPhone tendrá un diseño diferente, pero todas las funciones funcionarán igual.

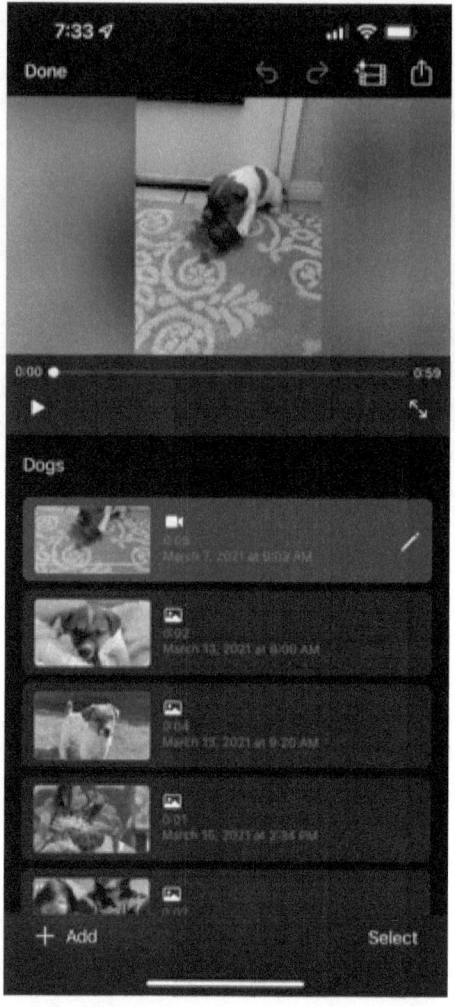

Puede que estés trabajando con un álbum bastante grande. El que yo estoy usando, por ejemplo, tenía más de 200 imágenes y vídeos (y digo imágenes aquí porque la película puede contener tanto imágenes como vídeos, incluso puede contener sólo imágenes; incluso si son sólo imágenes, iMovie hace que se muevan de una forma que parece un vídeo). iMovie no las ha incluido todas. Su IA mágica ha decidido cuál cree que es la mejor. Como probablemente sepas, los ordenadores son bastante inteligentes, pero no son perfectos. Y habrá algunas imágenes que no te gusten o que quieras mover. Para moverla, mantén pulsada la miniatura y arrástrala hasta donde quieras.

Si quieres borrar, cambiar o editar el clip, toca el pequeño icono de lápiz a su derecha. Para cambiarlo, pulse la opción *Reemplazar*. Para editarlo o eliminarlo, toca la opción *Editar clip* (sí, para eliminarlo, tienes que editarlo).

En el menú de edición, verás un montón de opciones. Debajo de la imagen, ¿ves esas barras amarillas a izquierda y derecha del clip? Eso te permite aumentar o disminuir el tiempo que se muestra en el vídeo.

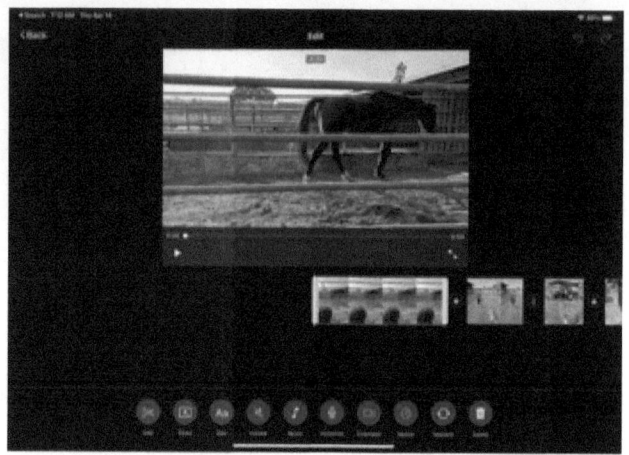

Debajo, hay una fila de opciones de diferentes cosas que puedes añadir o cambiar en el clip. Veamos algunas de ellas, empezando por "Títulos." *Títulos* te permite cambiar el diseño de la foto; hay varios diseños entre los que puedes elegir.

Si hay texto en el clip -o quieres añadir texto- utiliza la opción *Texto* para añadirlo.

Volumen te permite ajustar los niveles de sonido; mientras tanto, *Música*, justo al lado de *Volumen*, te permite elegir la banda sonora que se reproduce con tu vídeo (o puedes quitar la música); *las bandas sonoras* son creadas por Apple; debajo está *Mi música*, que son las canciones que tienes en tu biblioteca. Si planeas publicarlo en redes sociales (como Facebook o YouTube), ten cuidado con esta opción: las canciones tienen licencia y reproducirlas de fondo puede hacer que el vídeo sea eliminado.

Las opciones restantes son *VoiceoverCinemático*, *Velocidad*, *Reemplazar* y *Borrar*. *Voiceover* le permite añadir su voz al vídeo; *Cinematic* sólo se aplica si ha utilizado el modo Cinematic en su iPhone; *Speed* es la velocidad a la que se mueve el clip; *Replace le permite cambiar* el clip por otro; y *Delete* le permite eliminar el clip por completo.

Cuando hayas terminado, no hace falta guardar. Basta con pulsar el botón Atrás. De vuelta en la pantalla principal, en la esquina superior izquierda, veamos algunas opciones más. *Listo* es lo que tienes que tocar cuando hayas terminado con todo; la flecha curva de la izquierda es *deshacer* y justo al lado está *rehacer* (te permite deshacer o rehacer cualquier edición que no te guste). El último icono -el de la tira de película y las estrellas- es donde cambias el estilo del vídeo.

Hay varios estilos predefinidos que puedes utilizar. Pulse sobre cualquiera de ellos para cambiarlo.

Debajo hay cuatro opciones: *Música*, *Fuente*, *Color*, *Filtro*. Estas se comportan como las opciones que acabamos de ver en las pantallas anteriores. *Música* le permite cambiar lo que se está reproduciendo en la película.

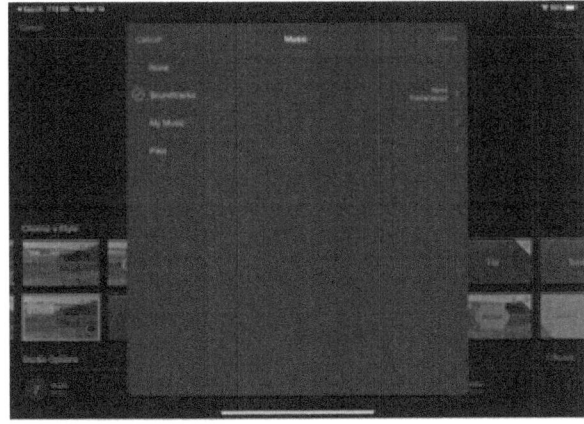

Fuente cambia la fuente del texto que aparece.

Color realiza cambios en los colores de los bordes.

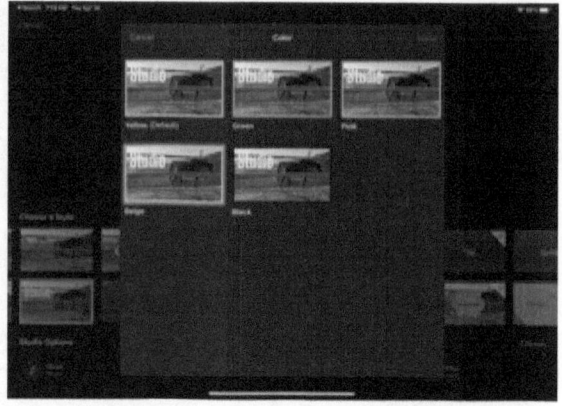

Filtro te permite añadir un filtro a tus clips: por ejemplo, hacer que todos los clips sean en blanco y negro.

En la parte inferior izquierda de la pantalla principal, está la opción *Añadir*. Esta opción te permite añadir manualmente otras imágenes o vídeos que la IA podría haber pasado por alto al componer el vídeo.

Si quieres compartir tu increíble vídeo, haz clic en el cuadrado con la flecha hacia arriba situado en la esquina superior derecha del menú principal de edición.

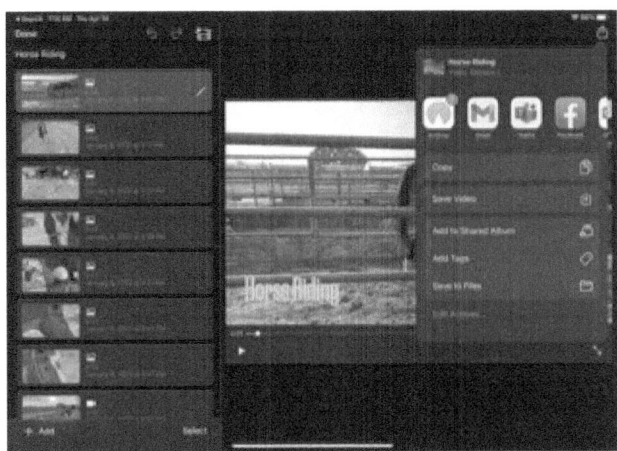

Por último, cuando pulse Hecho, volverá a la ventana principal de iMovie.

Si pulsas sobre la miniatura del vídeo, accederás a la pantalla de menú de vídeos. Desde aquí puedes editarlo, reproducirlo, compartirlo o eliminarlo.

Cuando elijas reproducir, se abrirá inmediatamente una ventana a pantalla completa y reproducirá el vídeo para ti.

COMPARTIR Y REPRODUCIR VÍDEO

Si quieres compartir el vídeo creado, sólo tienes que tocar el icono cuadrado con la flecha hacia arriba y, a continuación, seleccionar cómo quieres compartirlo. En este menú, también puedes añadir etiquetas al vídeo (estas etiquetas se pueden buscar, lo que hará que el vídeo sea más fácil de encontrar cuando crees varios vídeos).

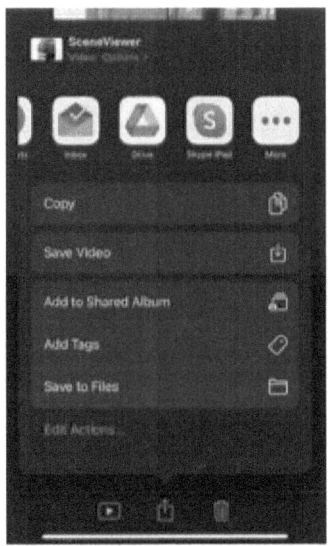

Debajo del título del vídeo, verás un texto azul que dice *Opciones*. Ahí es donde puedes cambiar la resolución del vídeo para hacerlo más pequeño en diferentes pantallas.

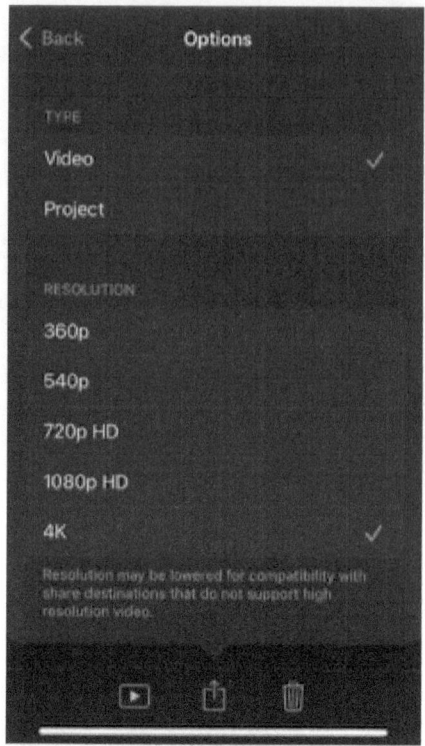

¿Y ver el vídeo en un televisor grande? No es obvio en estas pantallas, pero puedes usar AirPlay para hacerlo. Para utilizar AirPlay, desliza el dedo hacia abajo desde la esquina superior derecha para abrir el panel de control.

Desde aquí, toca las dos cajas rectangulares que están apiladas.

Aparecerán las pantallas a las que puedes transmitir tu vídeo de forma inalámbrica. Si no ves la tuya, asegúrate de que sea un dispositivo compatible (como un Apple TV) y esté en la misma red Wi-Fi.

MOVER VÍDEO DE IPHONE / IPAD A MAC

Ahora vamos a ver cómo podemos seguir editando en tu Mac; pero antes de hacerlo, señalaré rápidamente que este paso es opcional. Puedes hacerlo todo en tu iPhone o iPad.

Como la mayoría de las cosas en el Mac, tienes varias formas de compartirlo, pero todo empieza con el botón *Compartir*. Antes de compartirlo, sin embargo, es necesario hacer clic en el botón *Opciones* cerca de la parte superior de esta ventana, a continuación, cambiar el tipo de *vídeo* a *proyecto*, si no lo hace, usted va a compartir un archivo MOV, que no es lo mismo que un archivo de proyecto de iMovie.

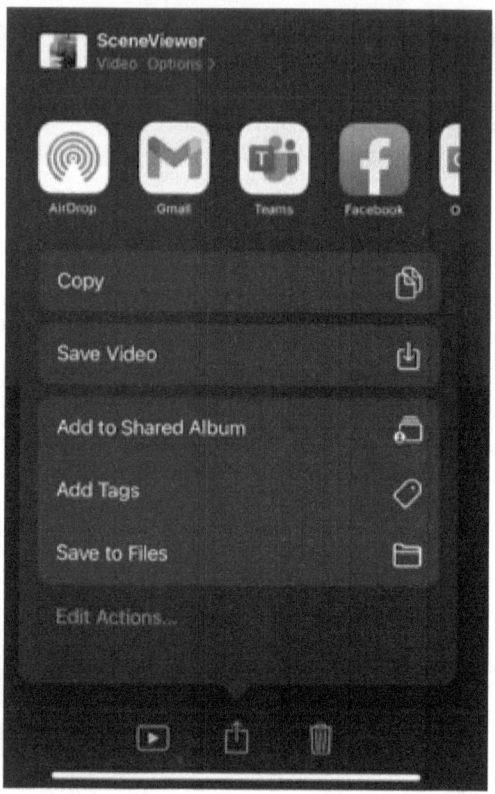

Una vez que hagas el cambio, puedes enviarlo por correo electrónico, puedes conectar un dispositivo USB-C y guardarlo en ese dispositivo, o utilizar una serie de otras plataformas. Personalmente, creo que la forma más fácil de hacerlo es *AirDrop*. Suponiendo que estés cerca de tu Mac y en la misma red, puedes enviarlo de forma inalámbrica en cuestión de segundos.

Si no ves tu Mac cuando realizas esta acción, es posible que no tengas *AirDrop* activado o configurado correctamente. Haz clic en el *Panel de control* en la esquina superior derecha de tu Mac (está a la izquierda del botón *Siri*). *AirDrop* debería estar en azul. Si pone *Sólo contactos*, puedes hacer clic en él y ponerlo en *Todos* para ver si así se soluciona el problema. Una vez enviado, lo encontrarás en la sección Descargas del Finder.

Una vez que encuentres el archivo y lo abras, se iniciará iMovie, donde podrás empezar a hacer cambios. No te preocupes por cómo hacer esos cambios... todavía. Cubriré eso en el último capítulo.

36

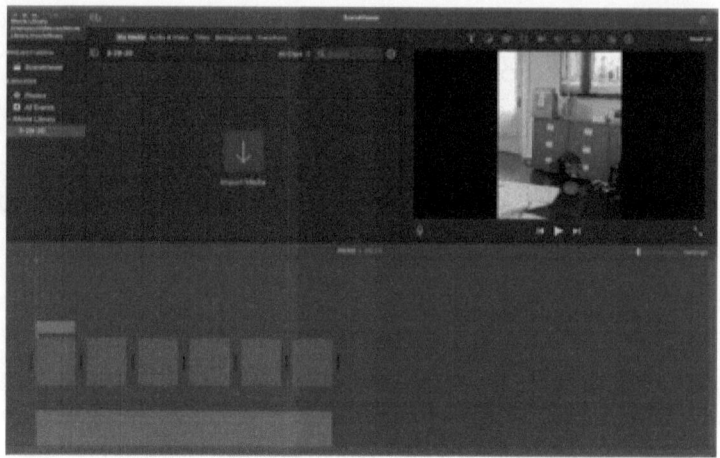

[3]
Modo Storyboards

Hace años, cuando iMovie se lanzó por primera vez en iOS, recuerdo que tenían una cosa muy chula para crear trailers de películas con tus vídeos caseros. Elegías lo que querías hacer: un tráiler de acción, uno romántico, uno de suspense, etc. Luego te decía cosas como "busca un vídeo de 30 segundos con dos personas caminando". Al final, tenías un divertido tráiler que podías compartir con la familia.

Este modo sigue ahí, pero Apple lo ha renovado. En lugar de limitarte a crear tráilers de películas, puedes crear un montón de cosas más. Si quieres crear un vídeo DIY, por ejemplo, hay una plantilla para ello. Conecta una plantilla y tú solo tienes que rellenar los espacios en blanco.

En eso consiste el modo Storyboards.

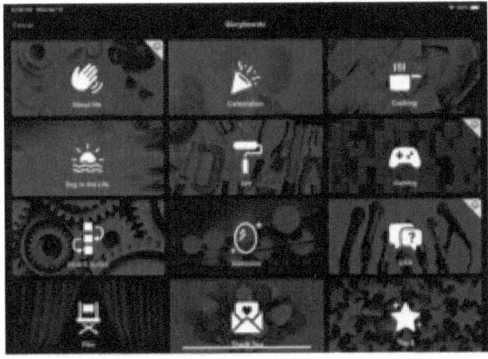

En el momento de escribir esto, hay más de 20 plantillas entre las que elegir:

- Sobre mí
- Celebración
- Cocinar
- Un día en la vida
- BRICOLAJE
- Juegos
- Cómo funciona
- Cambio de imagen
- PREGUNTAS Y RESPUESTAS
- Película
- Gracias
- Top 5
- Viaje
- Bienestar
- Lanzamiento del producto
- Revisión del producto
- Revelar
- Informe sobre el libro
- Noticias
- Experimento científico
- Remolques

Ahora todos ellos están en tu iPhone o iPad -eso es lo que significan los pequeños iconos en forma de nube de la esquina superior derecha-; si estás utilizando iMovie donde puede que no tengas Internet, entonces puedes ir a la parte inferior y seleccionar *Descargar todo*.

Una vez que elijas qué plantilla utilizar, tendrás que empezar a personalizarla. De nuevo, notarás que algunos elementos necesitan ser descargados. Esto es sólo para ahorrar en almacenamiento, pero son descargas muy rápidas. Sólo tenlo en cuenta si vas a trabajar en este proyecto sin Internet.

Y recuerda, el iPhone funciona de la misma manera; las cosas están dispuestas de forma ligeramente diferente; pero si sabes cómo usar iMovie en el iPad, entonces sabes cómo usarlo en el iPhone.

Después de realizar todos los ajustes que desee, pulse *Crear* en la esquina superior derecha. Ahora, veamos algunos de los ajustes que puedes hacer. *Estilos* es la opción más obvia; este es el aspecto general de tu video-los tipos de fondos que aparecerán en el título, por ejemplo. Desplázate hacia abajo y encontrarás más opciones. La primera es *Música*. Funciona igual que con Magic Movie; puedes utilizar la banda sonora predeterminada que Apple sugiere, elegir algo diferente en *Bandas sonoras* o buscar una canción en tu biblioteca. Las bandas *sonoras* las crea Apple; *Mi música* son las canciones que tienes.

41

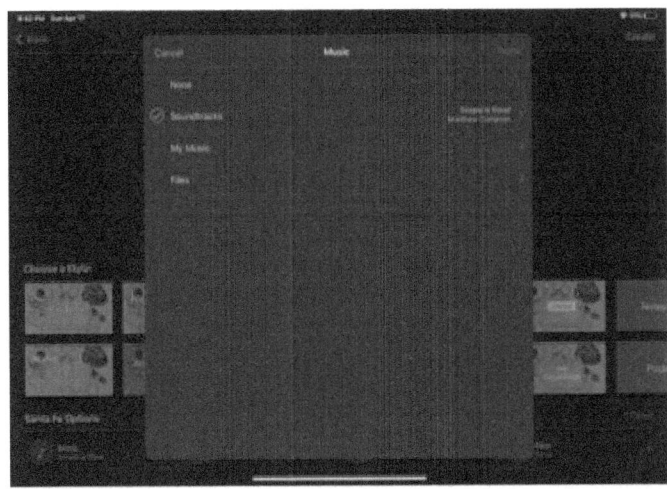

Junto a la música está el *Color*. Como su nombre indica, la opción Color te permite elegir los colores de fondo que aparecerán en tu vídeo.

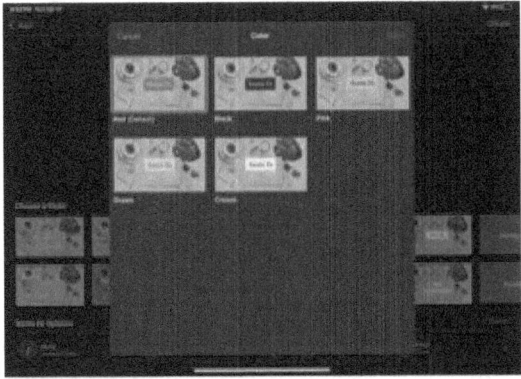

La opción *Fuentes* te permite elegir la mejor fuente para tu vídeo.

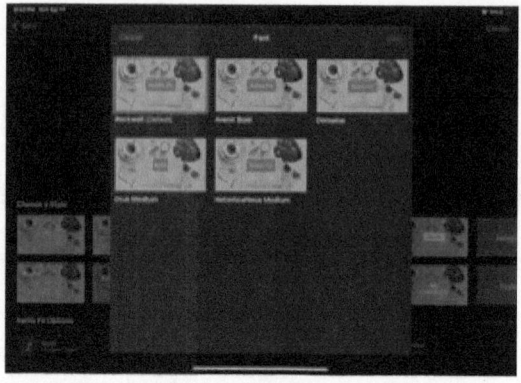

Por último, la opción *Filtro* te permite añadir filtros a tu vídeo: puedes hacer que parezca en blanco y negro, por ejemplo, o darle un tono saturado.

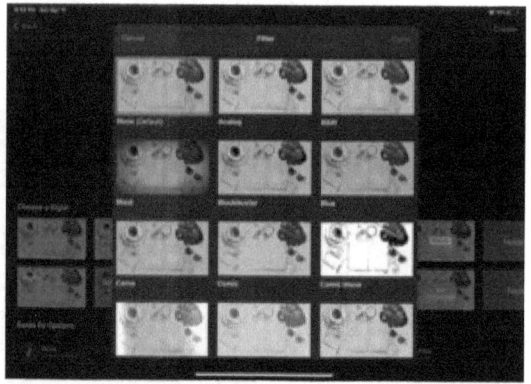

Una vez que haya añadido las personalizaciones que desee, pulse *Crear* en la esquina superior derecha.

Ahora accederá al editor principal. Como su nombre indica, esta interfaz está pensada para parecerse a un Storyboard de una película. Por lo tanto, le ofrece una especie de guión: ¿se da cuenta de que cada sección tiene un nombre (es decir, Quién, Qué, Experiencia, etc.)? Estos están destinados a ser los temas de cada sección, en *Quién*, por ejemplo, se encuentra un video con usted mismo explicando quién es usted-la plantilla que elegí fue "Acerca de mí", que es un mini video biográfico, si hubiera elegido otra cosa (como juegos, bricolaje, cambio de imagen, etc.) que habría enumerado diferentes guiones gráficos. En cada sección se le dirá qué tipo de toma que debe tener, por ejemplo, el que en el ejemplo siguiente dice que la primera toma sea un Medium Shot-lo que significa que no desde la distancia y no primer plano-que también da una vista previa de una persona destinada a representar aproximadamente donde el tiro debe ser.

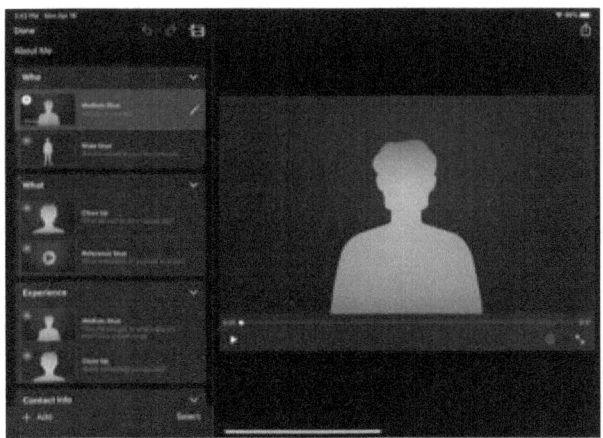

Puede tocar los iconos de flecha de la derecha para contraer o expandir cualquier sección.

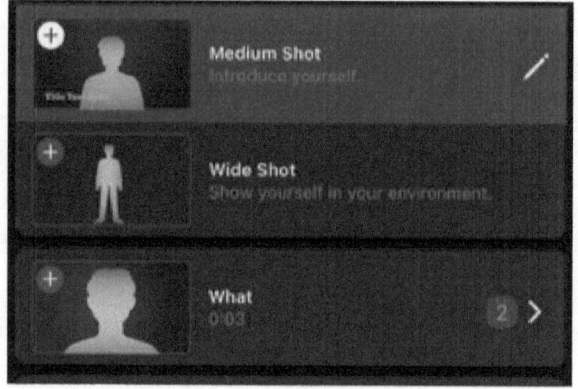

También puedes pulsar *Añadir* en la esquina inferior izquierda para añadir manualmente un vídeo o clip que no esté en el Storyboard.

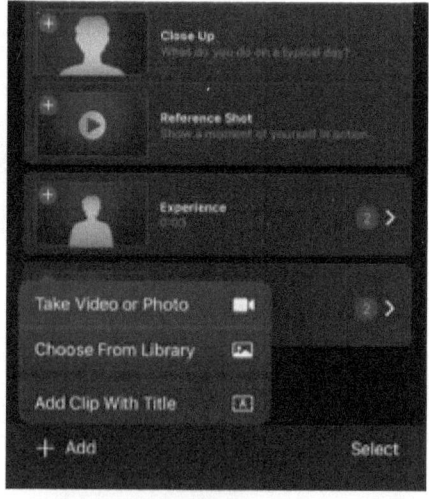

Para añadir un vídeo al guión gráficohaga clic en el icono + de la imagen en miniatura.

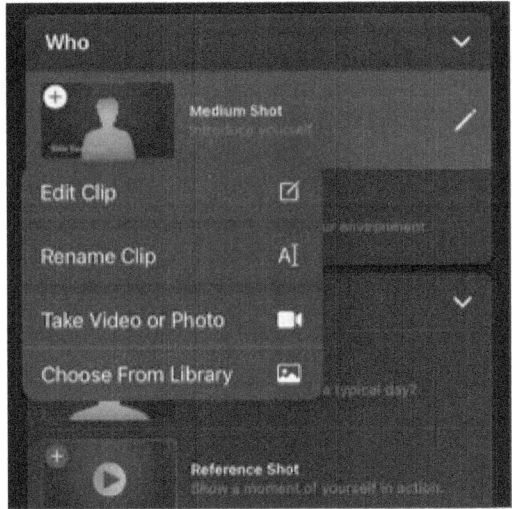

También puedes hacerlo tocando el icono del lápiz a la derecha. En este mismo menú, puedes cambiar el nombre del clip; así, por ejemplo, si no te gusta "Plano medio", puedes cambiarle el nombre por otro que le vaya mejor - este título es sólo a efectos informativos durante la edición-, no aparece en el vídeo una vez terminado.

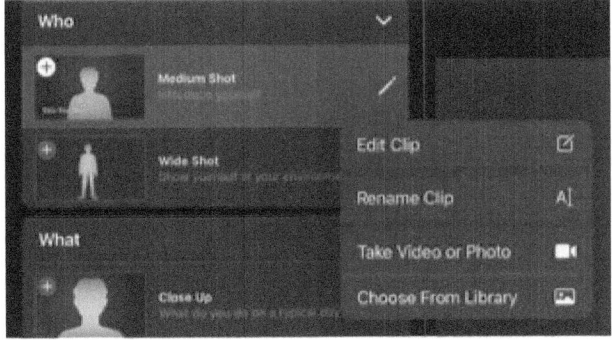

Cuando toques el icono ⓘ en la vista previa, te mostrará el título de la toma que se está reproduciendo en ese momento en la vista previa.

Si cometes un error, puedes utilizar el botón de *deshacer* de la parte superior; también puedes utilizar el vídeo con el icono de las estrellas para cambiar el formato. Si decides utilizar un tipo de letra/estilo diferente o quieres cambiar la música, toca aquí.

Para compartir el vídeo, toca el icono de compartir en la esquina superior derecha. Recuerda que el botón *Opciones* situado cerca de la parte superior te permite alternar entre compartir un proyecto o un archivo MOV. MOV se puede ver en la mayoría de los dispositivos (incluidos los que no son de Apple); los archivos de proyecto requieren iMovie para abrirse.

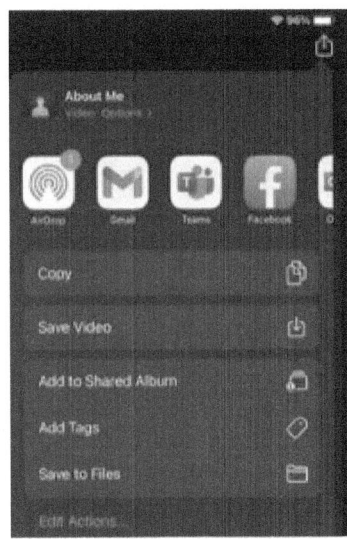

EDICIÓN UN GUIÓN GRÁFICO

Los guiones gráficos son bastante sencillos, ¿verdad? ¿Sólo tienes que añadir el vídeo o la imagen y ya está? Más o menos. Pero no siempre es así. A veces quieres que haya texto en el clip; a veces quieres que el clip parezca más largo o más corto; a veces quieres voz en off; a veces... ¿te haces una idea? Hay veces que no querrás conformarte con todo lo que hay en la plantilla.

En los casos en los que quieras hacer retoques, añade tu clip como lo harías normalmente, luego toca *Vista Previa* y luego *Editar Clip*.

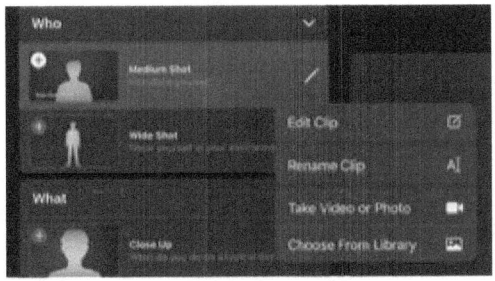

Aparecerá la pantalla de edición con muchas funciones adicionales. Verás que aquí puedes editar toda la serie de clips: no editas sólo un clip, sino que aparece todo el vídeo.

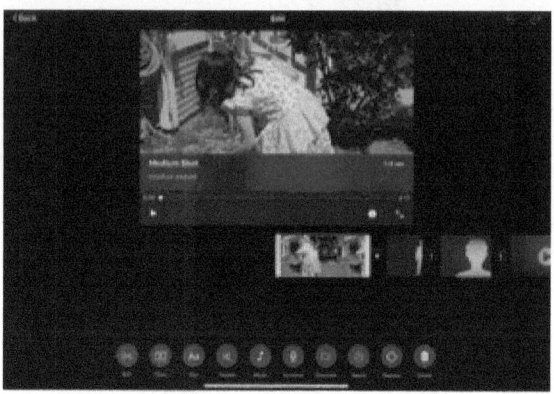

Uno de los cambios más habituales es la longitud de un clip. Cada clip tiene un recuadro amarillo a su alrededor con dos bordes amarillos gruesos. Esos bordes pueden arrastrarse hacia dentro o hacia fuera; por ejemplo, si quieres editar el principio del clip, arrastra el borde amarillo de la izquierda hacia dentro o hacia fuera; si está al final del clip, utiliza el borde derecho.

En la parte inferior hay una lista de opciones que puedes añadir a cada clip. Énfasis en la palabra "clip". *Sólo* está realizando cambios en cada clip seleccionado, no en todo el vídeo. Por lo tanto, si pulsa en *Texto* no añadirá texto a todo el vídeo, sólo al clip seleccionado.

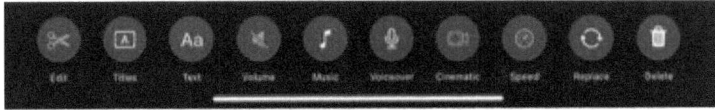

[4]

HACER UNA PELÍCULA DESDE CERO

El Modo Magic Movie y el Modo Storyboards son geniales... pero a veces quieres un control total de tu vídeo. Para eso está el Modo Manual. Preparémonos para ponernos en plan Spielberg y descubrir cómo funciona.

Esta es la buena noticia: ahora que has llegado hasta aquí,
El modo manual no te parecerá tan difícil. Muchas de las funciones funcionan igual; la única diferencia es que no está tan guiado. Debes dejarte llevar por tu creatividad y hacerlo todo tú mismo.

Lo primero que verás es una gran galería para elegir lo que quieres que incluya la película. Verás Momentos (que son cosas generadas en función de lo que tu teléfono considera importante), Vídeos, FotosÁlbumes y Fondos. Si no sabes lo que vas a incluir, puedes seleccionar *Crear película en la parte* inferior central de la pantalla y crearla sin vídeos.

Fondos suena a fondos que has descargado en tu dispositivo. Pero no es así. En realidad son sólo opciones de color de fondo.

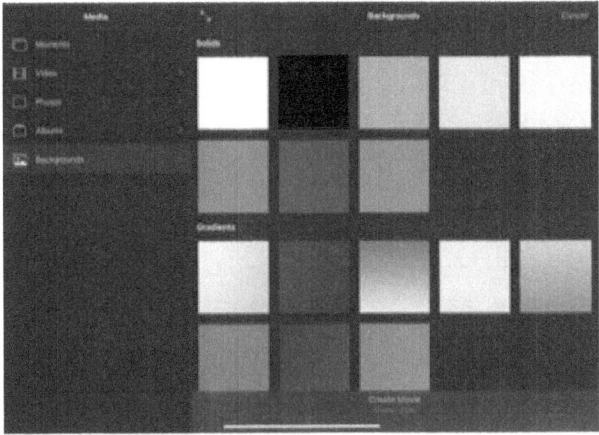

Una vez que selecciones *Crear película*, verás el clip que seleccionaste inicialmente o una vista previa en blanco. Desde aquí puedes empezar a editar el clip o añadir otros nuevos. Para añadir uno nuevo, ve a la zona derecha del menú, donde pone *Medios*. Encontrarás el contenido de la misma manera que antes, y recuerda que puedes elegir películas o fotos.

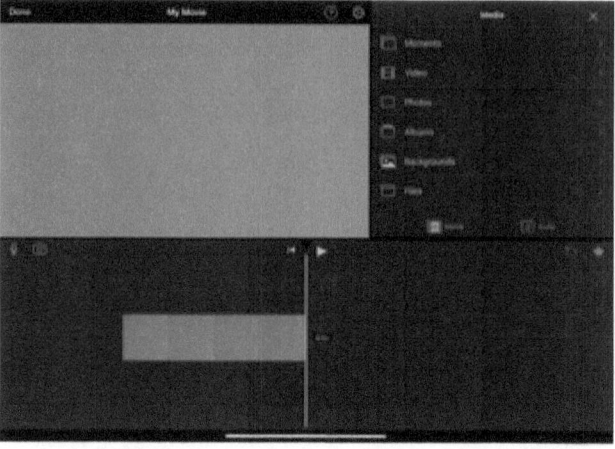

Para ahorrar espacio, muchas personas optan por almacenar vídeos y fotos automáticamente en iCloud. Esto te permite crear vídeos grandes y no tener que preocuparte por no tener suficiente espacio. Cuando hagas esto, sin embargo, tendrás que volver a descargarlos para usarlos. Sabrás si tu contenido está en tu dispositivo o en la nube por el icono que aparece cuando haces clic en él. En el ejemplo siguiente, puedo reproducirlo, pero no puedo añadirlo a iMovie porque está en la nube. Para descargarlo, sólo tendría que pulsar en esa nube con la flecha hacia abajo. ¿Cómo se muestra si está en la nube? Se almacena una pequeña vista previa en tu teléfono y puedes transmitirla desde la nube.

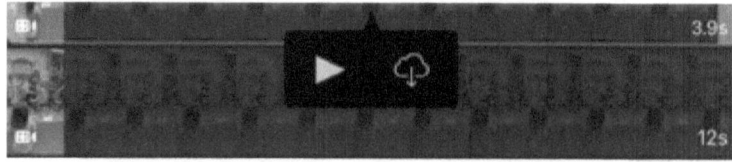

En cuanto toco esa nube, ya está en mi dispositivo después de descargarse, y la nube cambia a un icono +, que indica que se puede añadir a la película. Para añadirla, basta con tocar el icono +.

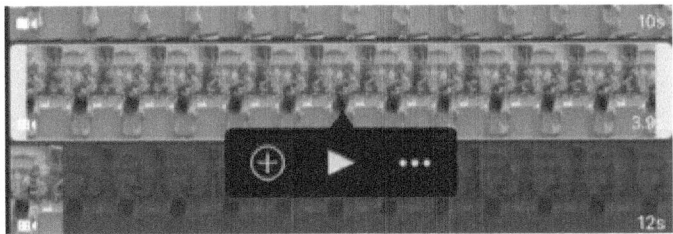

Cuando pulses el icono +, se añadirá detrás del último clip; puedes mantener pulsado cualquier clip para arrastrar su ubicación.

Una vez añadido el clip, haga clic en él para ver las opciones disponibles para ese clip. Hay cinco:
- **Acciones - Permite** recortar un clip.
- **Velocidad - Le** permite ajustar el tiempo del clip: puede tener el mismo contenido, pero aparecer durante más o menos tiempo.

- **Volumen** - Ajusta el volumen de la música de fondo.
- **Títulos** - Aquí puede añadir o ajustar cualquier texto del clip.
- **Filtros** - Ajuste el estilo / aspecto general del clip con esta acción.

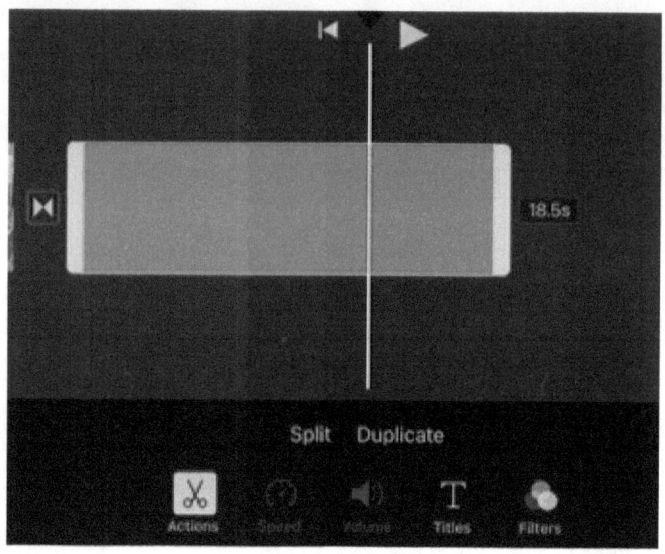

Controles manuales

Echemos un vistazo rápido a algunos de los iconos manuales que verás: no son muchos.

Debajo de la vista previa del vídeo principal, hay cuatro iconos. Empezando por la izquierda, el primero, el micrófono, te permite añadir narración en off a un clip; el siguiente es la cámara, que te permite tomar un vídeo o una foto que añadirás al vídeo; a la derecha, la flecha hacia atrás con la línea salta al clip anterior; y, por último, la flecha hacia delante reproduce una vista previa del vídeo.

En el extremo derecho hay un botón de deshacer, que anula cualquier cambio que hayas hecho por error; junto a *deshacer* está la *revelación de audio*; cuando lo pulses, se mostrará el audio que haya en el clip.

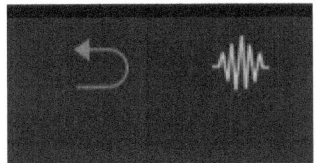

En el ejemplo siguiente, puedes ver que el primer clip tiene un poco de audio suave reproduciéndose de fondo; esto me ayuda a saber si puede haber algo en el clip que quiero silenciar o amplificar.

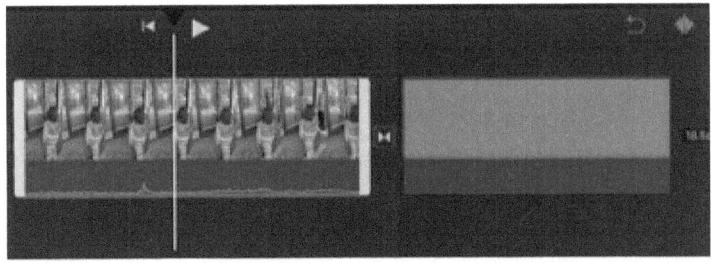

En la parte superior, cerca del centro de la pantalla principal, hay un icono de configuración. Te permite añadir filtros, cambiar el tema principal y activar o desactivar la música y las transiciones.

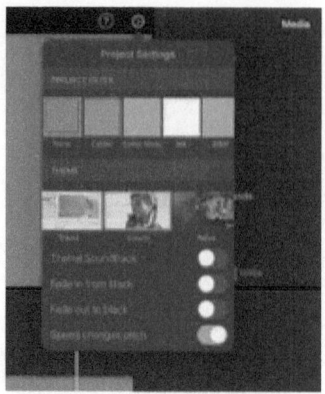

AÑADIR TRANSICIONES

Si quieres añadir una transición entre clips, toca las dos flechas enfrentadas en medio de dos clips; aparecerán las opciones de transición. Toca la que quieras. También puede ajustar el tiempo que desea que dure la transición (1,0 segundos es el valor predeterminado).

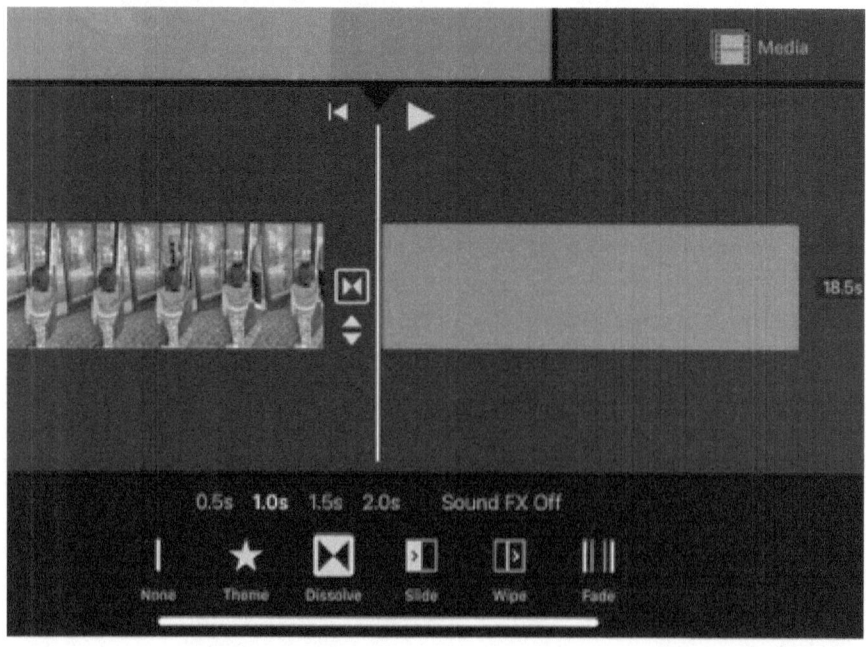

[5]
iMovie para macOS

Si eres un usuario avanzado, te recomendamos que te dirijas a iMovie para macOS para sacar el máximo partido a iMovie.

Abrirlo por primera vez puede ser un poco intimidante; a diferencia de iOS y iPadOS, los controles y dónde están no se parecen en nada a lo que hemos visto hasta ahora. No dejes que te asuste su aspecto renovado: una vez que te acostumbras, su comportamiento es realmente similar.

Antes de continuar, permíteme decir una vez más: no necesitas MacOS para hacer una buena película; iOS y iPadOS pueden ofrecer resultados superiores. La principal razón por la que podrías considerar usar macOS en lugar de un dispositivo móvil es que funciona más como un editor de películas y algunos usuarios preferirán este formato.

Así que empecemos.

Descargar iMovie

iMovie debería estar preinstalado en tu Mac; encontrarás el icono en tu Launchpad.

Si no lo ves, es posible que lo hayas quitado por accidente.

Para obtener una copia nueva, entra en la App store, busca iMovie y haz clic en *Obtener*. Es gratis, pero es grande, por lo que puede tomar algún tiempo para descargar.

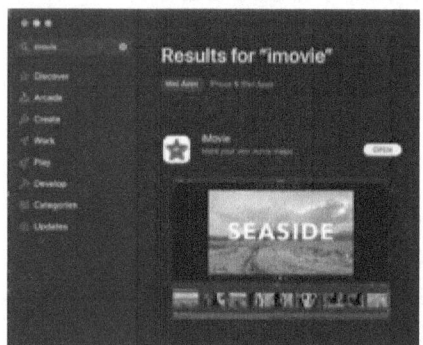

Iniciar un nuevo proyecto

Cuando inicies iMovie por primera vez, probablemente te parecerá un poco... escaso. Literalmente tiene una opción: *Crear nuevo.*

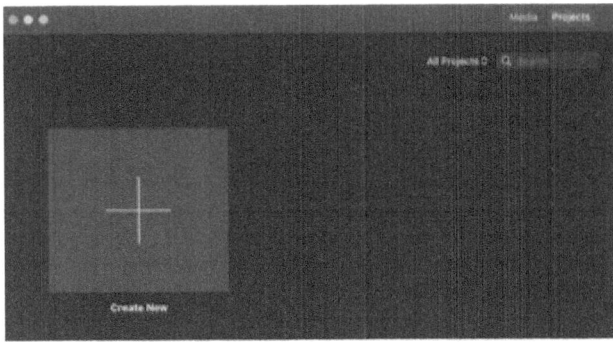

Al hacer clic en *Crear nuevo*, aparecerá otra opción: *Película* y *Trailer*.

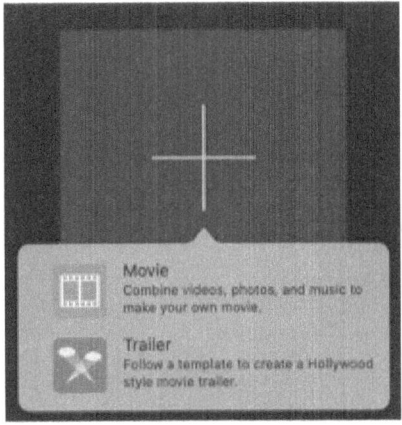

En algún momento, sospecho que Apple añadirá las mismas opciones que iOS y iPadOS, pero, en el momento de escribir esto, no es el caso. Así que todo lo que tenemos es *Trailer* que es muy similar a *Storyboard* en dispositivos móviles.

Cuando hagas clic en *Tráiler*, verás todo tipo de estilos diferentes a tu disposición. Al igual que en los dispositivos móviles, crean minipelículas de un minuto y medio de duración, con un aspecto cinematográfico similar al de un tráiler. Es divertido probarlos, pero no son tan potentes como el modo Storyboard disponible en iOS y iPadOS.

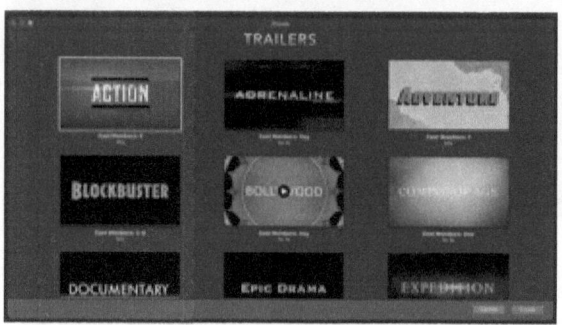

Cuando utilices este modo, verás que las opciones también son bastante similares a las de los dispositivos móviles. Haz clic en *Guión gráfico* y arrastra el contenido que quieras.

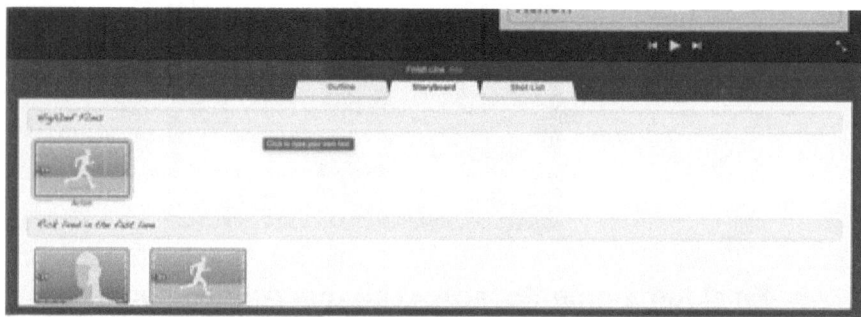

CREAR SU PRIMERA PELÍCULA

Cuando crees una película, lo primero que verás será un lienzo en blanco.

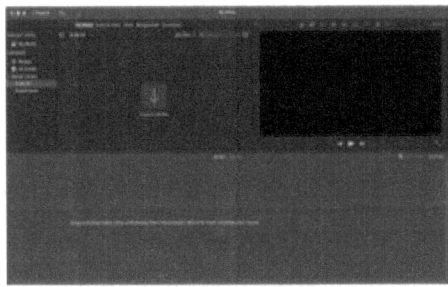

Así que el primer paso es empezar a añadir parte (o todo) su contenido.

Existen varias formas de añadir tus contenidos; puedes hacer clic en *Importar medios* y buscarlos.

Puedes ir al menú de búsqueda y buscarlo.

Puedes buscarlo en el menú multimedia de la izquierda.

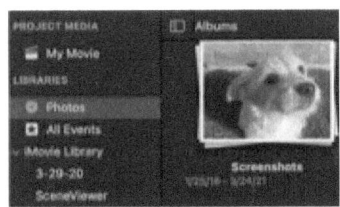

O, quizás lo más fácil -sin duda mi método preferido-, puedes arrastrarlo y soltarlo.

CREACIÓN DE TÍTULOS, FONDOSTRANSICIONES, Y MÁS

Habrás notado un menú en la parte superior que dice: Mis medios, Audio y vídeo, TítulosFondosTransiciones. Esto está siempre disponible para usted. Así que cada vez que desee añadir una transición o música o títulos, a continuación, vaya a este menú.

My Media Audio & Video Titles Backgrounds Transitions

Para añadir el efecto, busca lo que quieras y arrástralo al editor de películas de la mitad inferior de la pantalla.

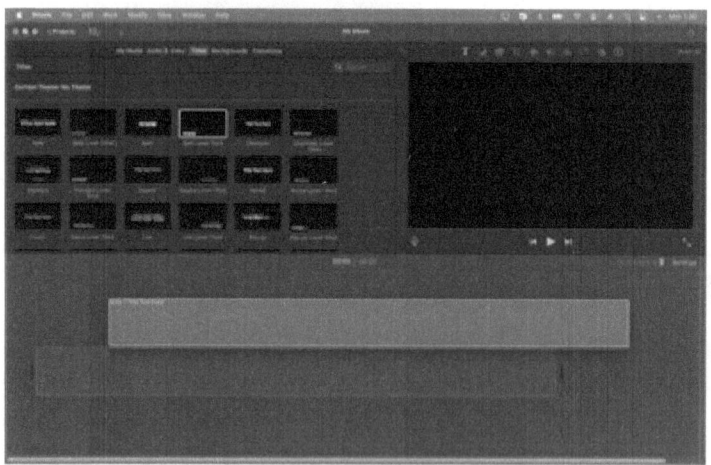

GESTIÓN DEL EDITOR CINEMATOGRÁFICO

La zona en la que pasarás más tiempo es el editor que cubre la mitad inferior de la pantalla.

El editor de películas tiene varias filas diferentes que sirven cada una como una capa. Tendrás una fila para el vídeo / foto, otra para el texto, otra para el audio... podrías tener varias filas para cada uno. Si estás familiarizado con los editores de fotos, entonces este concepto de capas puede resultarte familiar. La idea es que cada fila está apilada una encima de otra y puedes editar cada fila de forma independiente. Así, si necesitas que un texto sea más transparente que otro, podrás hacerlo.

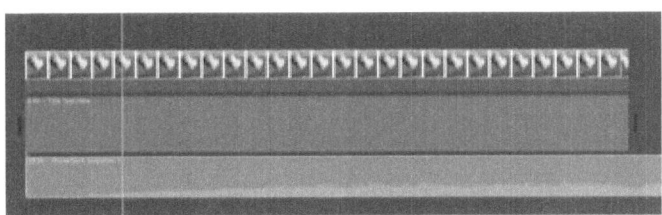

Si las filas y las capas todavía te resultan un poco confusas, aguanta. A medida que entiendas mejor los controles, todo empezará a tener más sentido.

Edición Clips

Los vídeos, el texto y el audio tienen diferentes opciones. Al hacer clic en los distintos clips del editor, verás que las opciones del menú de la parte superior derecha cambian en función de lo que estés pulsando. Muchos de estos controles te resultarán familiares de las versiones móviles de la aplicación. Me referiré brevemente a cada opción y repasaré las diferencias, si las hay.

Empezando por el extremo izquierdo, el icono *del Asistente Mágico* no muestra ningún menú; funciona en segundo plano para perfeccionar automáticamente la imagen o el vídeo; realizará ajustes automáticos del color.

El siguiente conjunto de opciones es la superposición de vídeo. Se trata de efectos que puedes utilizar para hacer que el vídeo o el texto sean más transparentes (opacidad). Si el texto aparece sobre el vídeo y no se ve correctamente, puedes utilizar *Opacidad* y *Fundido* para ajustar el vídeo y facilitar la lectura del texto.

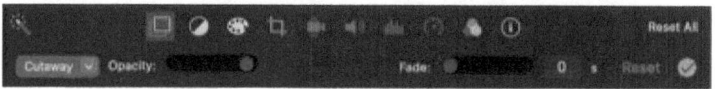

El desplegable dice *Cutaway* por defecto, pero si haces clic en él, verás que hay varias opciones más. *Pantalla verde / azul*, por ejemplo, intenta eliminar el fondo.

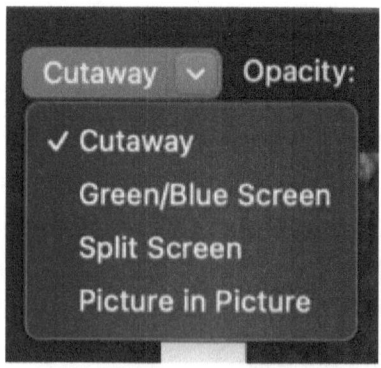

Imagen en imagen minimiza el videoclip y lo coloca en la esquina de la pantalla. Esta técnica funciona bien con vídeos instructivos en los que se muestra al profesor en el recuadro de la esquina y la ilustración en el área principal. Al ajustar estas opciones, también notarás que el menú cambia ligeramente para tener opciones adicionales.

Color Balance de color es el siguiente icono; puede utilizar *Auto* para realizar ajustes automáticos en el color, o utilizar algunos de los ajustes manuales.

Color Corrección del colors es la siguiente; le permite ajustar el tono y los contrastes de los colores.

Recortar es el cuarto icono y uno al que deberás prestar especial atención si utilizas fotos. Por defecto, las fotos tendrán el efecto Ken Burns ¿qué es eso? Significa que la imagen se amplía a una sección determinada y, a medida que se reproduce la película, se desplaza sobre otras áreas, para dar la impresión de que la foto es una especie de película. *Recortar Rellenar* y *Ajustar* pueden quedar mejor en algunas fotos. A la derecha de estas opciones hay botones para girar la foto.

¿Te tiembla la mano? A mí también. *Estabilización* puede ayudarte. Te resultará especialmente útil si haces fotos de acción.

El volumen te permite ajustar el volumen de un clip: puedes bajarlo para que otros clips que se ejecuten junto a él tengan más volumen. Por ejemplo, puede que tengas una pista de música y sólo quieras que se oiga ligeramente el sonido del vídeo.

Reducción de ruido y el *Ecualizador* te ayudan a ajustar aún más el volumen; pongamos por caso que grabaste el vídeo en un restaurante abarrotado o en algún lugar con mucho jaleo. Esta opción puede ayudarte a corregir parte de ese ruido de fondo.

A la derecha de estas herramientas hay un desplegable que dice *Ecualizador*. Hay varias mejoras más cuando haces clic en él.

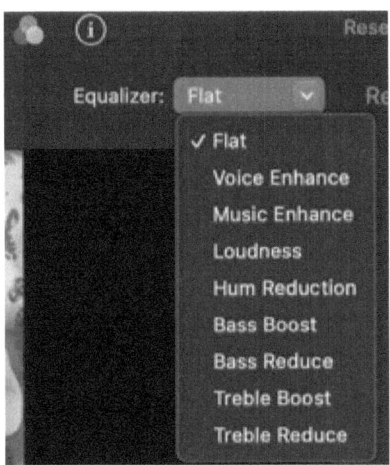

La velocidad no sólo ajusta la velocidad de reproducción del vídeo, sino que también puede reproducir el clip en sentido inverso.

Filtro de clip y *efecto de audios* incluyen mejoras visuales y sonoras del clip.

Información del clip es la última opción; te dará información sobre cuándo se grabó el vídeo y su duración.

EDICIÓN DE A CLIP

Cuando hagas clic con el botón derecho en un clip, se te mostrarán varias opciones; algunas (es decir, Reproducir, Cortar, Copiar y Eliminar) te resultarán familiares y no necesitarán explicación; el resto pueden resultar un poco confusas, así que veamos cada una de ellas.

- *Dividir Clip* - Dividir un clip significa que lo estás cortando, lo que te permite hacer ediciones independientes en el vídeo; es útil si quieres que se reproduzca audio sólo en una parte del vídeo, por ejemplo. Para dividir el clip, desplázate a la parte del clip que quieras separar, haz clic con el botón derecho y selecciona *dividir*.
- *Añadir fotograma congelado* - Congelar fotograma congelará el vídeo durante un tiempo determinado y, a continuación, comenzará a reproducirlo de nuevo.

- *Separar audio* - Por defecto, el audio del vídeo está unido al propio vídeo, lo que significa que el audio se edita junto con el vídeo. Si lo desacoplas, el audio se separará del vídeo y se mostrará en una fila independiente del editor.
- *Recortar a cabezal de reproducción* - *Recortar a cabezal de reproducción* es básicamente recortar. Mueva el cursor hasta el punto que desee recortar, haga clic con el botón derecho y seleccione esta opción; se recortará hasta ese punto del clip.
- *Mostrar recortador de recortes* - El *recortador de recortes* es otra herramienta de recorte que le ayuda a afinar en el momento preciso que desea recortar.
- *Mostrar Speed Editor* - Puede parecer que *Speed Editor* no hace nada al principio; en realidad, el editor está encima de la vista previa, en la esquina superior derecha, y también está disponible al hacer clic en el icono asociado.
- *Mostrar Editor Cinemático* - La mayoría de tus videos probablemente no mostrarán esto; el modo Cinemático fue agregado a los iPhones más nuevos (es el modo que desenfoca las cosas en un video que no son el foco-es como el modo retrato, pero con video). Si no grabaste el vídeo en modo cinematográfico, esta opción estará desactivada.
- *Añadir disolución* cruzada - Una disolución cruzada te permite aumentar suavemente la opacidad de una escena sobre la anterior.
- *Mostrar en los medios del proyecto* - Esta opción muestra la ubicación del archivo en los medios del proyecto (el cuadro que muestra todos los medios que contiene un proyecto).

AÑADIR UNA VOZ EN OFF

Para añadir una voz en off a una película, tendrás que ir a un lugar poco habitual: la parte superior de iMovie. Haz clic en el menú *Ventana* y selecciona *Grabar voz en off*.

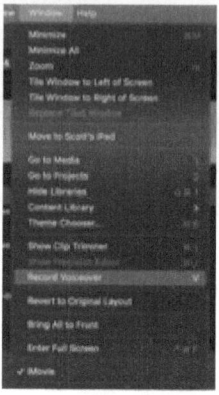

Esto pondrá un botón de grabación debajo de la vista previa de tu vídeo; haz clic en grabar para añadir la voz en off.

AÑADIR UN TEMA

Vale, ¿recuerdas cuando dije que iMovie para Mac no tiene todas esas plantillas extravagantes? Eso es cierto. Pero tienen *algunas* plantillas. Se llaman temas. Puedes acceder a ellas en el mismo menú que *Voiceover Windows > Tema Selector*.

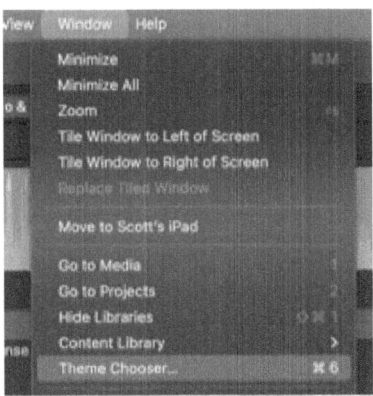

Aparecerán varios temas entre los que puedes elegir. No es tan robusto como las versiones móviles de la aplicación, pero es una buena manera de empezar un proyecto. Puedes previsualizar cada uno de ellos y, si quieres añadir uno, haz clic en el botón *Cambiar* de la esquina inferior derecha.

Ahorrar / Compartir Película

Cuando terminas con un proyecto, no hay botón "Guardar"; se guarda pulsando el botón <Proyecto> en la esquina superior izquierda. Te preguntará qué nombre quieres ponerle y te devolverá a la pantalla principal.

Si quieres compartirlo, ve a *Archivo > Compartir* y selecciona cómo quieres compartirlo.

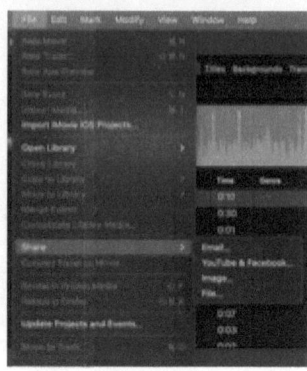

ÍNDICE

A

Álbum13.............................. , 14, 15
Efecto audio64

B

Fondos47............................. , 48, 59

C

Color25 .... , 26, 38, 62
Balance de color62
Corrección del color62
   Cultivo62

D

Separar Audio65
   Descargar54

E

Edición44............................ , 60, 65
   Ecualizador63

F

   Editor de cine59

I

   Internet2

K

Ken Burns62

M

Momentos mágicos13
En movimiento32
Música25 .... , 38

N

Reducción del ruido63

O

   Opacidad61

P

Álbumes de fotos18
Fotos13 ...., 47
Imagen en Imagen61
   Jugar30

S

Compartir30............................., 68
   Split65
   Estabilización63

Storyboard10...., 40, 41, 42, 44, 56, 57

T

   Tema67
Títulos23 ...., 50, 59
   Remolque56
Transiciones53........................, 59
   Trim66

V

Voz en off24 ...., 66, 67

SOBRE EL AUTOR

Scott La Counte es bibliotecario y escritor. Su primer libro, *Quiet, Please: Dispatches from a Public Librarian* (Da Capo 2008) fue la elección del editor para el Chicago Tribune y un título Discovery para Los Angeles Times; en 2011, publicó el libro YA The N00b Warriors, que se convirtió en un bestseller #1 de Amazon; su libro más reciente es *#OrganicJesus: Finding Your Way to an Unprocessed, GMO-Free Christianity* (Kregel 2016).

Ha escrito docenas de las guías más vendidas sobre productos tecnológicos.

Puede ponerse en contacto con él en ScottDouglas.org.

www.ingramcontent.com/pod-product-compliance
Lightning Source LLC
Chambersburg PA
CBHW031533210526
45464CB00014B/2537